*Mitten in der Welt*

# Die Advents- und Weihnachtszeit mit Dietrich Bonhoeffer

Zusammengestellt und herausgegeben von Beate Vogt

camino.

# EINLADUNG

Weihnachten 1944. Der Theologe Dietrich Bonhoeffer schreibt an seine 20-jährige Verlobte Maria von Wedemeyer. Seit 18 Monaten ist er in Haft, gerade verlegt ins Kellergefängnis der Gestapo in Berlin. Beigefügt hat er diesem Brief »ein paar Verse als Weihnachtsgruß an Dich und die Geschwister«. Es ist das Gedicht »Von guten Mächten«, aus der Stille entstanden, wie er schreibt, in der er sich allen so nah fühlt. Es ist sein letzter Brief an Maria, am 9. April 1945 wird Dietrich Bonhoeffer von den Schergen des Nazi-Regimes ermordet.

Bonhoeffers »Weihnachtsgruß« wurde später vertont, die Verse haben weltweit unzählige Menschen berührt. »Von guten Mächten wunderbar geborgen« – das ist nicht nur ein wunderbares Versprechen, sondern auch eine Einladung, sich heute auf den Weg zu machen und dem

nachzuhorchen, was es eigentlich auf sich hat mit dem »Wunder Weihnachten«: Den Weihnachtsfestkreis mit Impulsen aus den Schriften von Dietrich Bonhoeffer erleben – durch den Advent bis zum ersten Sonntag nach Epiphanias –, das heißt innehalten, nachdenken, Fragen stellen.

Es ist ein wenig in Vergessenheit geraten, dass der Advent als Vorbereitung auf Weihnachten wie die Zeit vor Ostern als Fastenzeit angelegt ist. Adventliche »Einstimmung« geht heutzutage häufig im vorweihnachtlichen Trubel unter, die weihnachtlichen Gefühle: das Hoffen, Warten, die große Freude, überlassen wir den Kindern. Aber Bonhoeffer schreibt: »Wenn wir an diesem Advents- und Weihnachtsgeschehen teilnehmen wollen, so können wir nicht einfach zuschauerisch wie bei einem Theater danebenstehen und uns an den freundlichen Bildern freuen, sondern dann werden wir selbst in diese Handlung, die da geschieht, in diese Umkehr aller Dinge mit hineingerissen.« Die Menschwerdung Gottes, die Annahme unserer menschlichen Natur durch Gott, das ist das »Wunder Weihnachten«: Mitten im Leben.

# ADVENT FEIERN HEISST WARTEN KÖNNEN

1. Von guten Mächten treu und still umgeben,
behütet und getröstet wunderbar, –
so will ich diese Tage mit euch leben
und mit euch gehen in ein neues Jahr;

2. noch will das alte unsre Herzen quälen,
noch drückt uns böser Tage schwere Last.
Ach, Herr, gib unsern aufgeschreckten Seelen
das Heil, für das Du uns geschaffen hast.

3. Und reichst Du uns den schweren Kelch, den bittern
des Leids, gefüllt bis an den höchsten Rand,
so nehmen wir ihn dankbar ohne Zittern
aus Deiner guten und geliebten Hand.

**1. Advent**
Sonntag

# SELIGE ZEIT

Weihnachten kommt, freu dich, o Christenheit! So klingt's heute zum ersten Mal wieder zu uns herüber. Schon wollen wir in der Ferne hören, den Engelsgesang von Ehre Gottes und dem Frieden auf Erden, aber noch ist's nicht so weit, noch heißt's: Lerne warten, und warte recht. Mach die Wartezeit zu einer seligen Zeit des Vorbereitens.

**Montag**

1. Adventswoche

# ALLEINSEIN

Schaffe dir jeden Tag einige Minuten des Alleinseins und denke über den kommenden oder den vergangenen Tag nach, über die Menschen, die dir begegneten; denke auch über dich selbst nach und das, was dir fehlt. Aber vergrübele dich nie in dich selbst hinein, sondern lass an den einsamen Stunden den teilnehmen, der auch deine Geheimnisse kennt. Jeder von uns hat Dinge, die er nie über seine Lippen bringt, die er verbirgt wie einen geliebten Schatz in seiner Einsamkeit. Nur Gott kennt sie; so zieh Gott in deine Einsamkeit hinein.

**Dienstag**
1. Adventswoche

# UNGEDULD

Advent feiern heißt warten können. Warten ist eine Kunst, die unsere ungeduldige Zeit vergessen hat. Sie will die reife Frucht brechen, wenn sie kaum den Sprössling setzte; aber die gierigen Augen werden nur allzu oft betrogen, indem die scheinbar so köstliche Frucht von innen noch grün ist, und respektlose Hände werfen undankbar beiseite, was ihnen so Enttäuschung brachte. Wer nicht die herbe Seligkeit des Wartens, das heißt des Entbehrens in Hoffnung, kennt, der wird nie den ganzen Segen der Erfüllung erfahren ... Auf die größten, tiefsten, zartesten Dinge in der Welt müssen wir warten, da geht's nicht im Sturm, sondern nach den göttlichen Gesetzen des Keimens und Wachsens und Werdens.

**Mittwoch**
1. Adventswoche

# BANGIGKEIT

Was ist denn unser gegenwärtiges Leben anderes als ein dauerndes Warten auf Änderung, Besserung … Man wartet, aber wie bei allem Warten mit Bangigkeit. Denn wer weiß, ob das Erwartete je eintritt. Ob es nicht vielleicht ganz anders kommt? … Darum liegt aber in all unserm Warten immer schon etwas von Resignation. Unsere sehnlichsten Hoffnungen, unsere Wünsche sind im Innersten immer schon gelähmt, weil wir uns innerlich darauf einstellen müssen, dass sie unerfüllt bleiben. Wir wollen ja auch nicht unvernünftig sein … Darum aber ist unser vernünftiges Warten ein gequältes Warten, ein unseliges Widereinander von Erraffen, Habenwollen und doch dafür nichts Aufgebenwollen … Und wir spüren wohl, … dass solches Warten nicht das Warten des Advent ist.

**Donnerstag**
1. Adventswoche

# SEHNSUCHT

Aber wenn durch all dieses vernünftige Warten hindurch und hinter ihm noch etwas anderes in uns wartet und wenn dieses Warten weit hinausgeht über alles, was wir so vernünftig erwarten können; wenn da eine ganz unstillbare Sehnsucht ist, die dort, wo alles in Erfüllung geht, nicht schweigt oder dort, wo alles scheitert, nur umso stärker aufbegehrt; ... Wenn wir durch all das Fragen, Versuchen, Tasten, Warten verwirrt auf einmal die qualvolle Enge unseres Daseins mit allen seinen Wünschen spüren; wenn uns plötzlich angst wird, dass wir mit all unserem Wesen verloren und der Sinnlosigkeit anheimgegeben sind ..., dann vielleicht könnten wir etwas wissen von dem, was die Bibel »warten« nennt.

**Freitag**

1. Adventswoche

# MASSLOS WARTEN

Auf Gott kann man doch nicht so resigniert, so maßvoll, so vernünftig warten wie auf eine Gehaltserhöhung. Nein, es ist ein unvernünftiges, maßloses Warten, wenn ein Mensch wirklich Gott meint; wenn er wirklich sich nicht begnügen will mit dem, was ihm als Gottersatz heute von tausend Seiten feilgeboten wird, sondern wenn er einfach weiter wartet, sich sehnt, ausstreckt, hofft, bis es endlich Gott selbst ist, der kommt, der hilft, der tröstet.

**Samstag**
1. Adventswoche

# ERLÖSUNG

Und nun sagt uns der erste Advent nichts anderes als dies: Deine Erlösung, eure Erlösung naht! Sie klopft schon an, hört ihr es nicht? Sie will sich den Weg durch all den Schutt, durch all das harte Gestein eures Lebens, eures Herzens bahnen; das geht nicht schnell, aber er kommt, Christus bricht sich den Weg zu euch, zu euren Herzen, er will unser Herz, das hart geworden ist, wieder erweichen im Gehorsam gegen ihn, er ruft uns gerade in diesen Wochen des Wartens, des Wartens auf Weihnachten immer wieder zu: dass er kommen will und dass er allein uns retten wird aus dem Gefängnis unseres Daseins, aus der Angst, aus der Schuld, aus der Einsamkeit.

# UNERSCHLOSSENE GEHEIMNISSE WERDEN AUFGETAN

**2. Advent**
Sonntag

# VERHEISSUNG

Wir sind ja merkwürdige Menschen. Wenn die Adventszeit wiederkommt, so singen wir vielleicht ein paar Weihnachtslieder mit unseren Kindern zu Haus, eilen und hasten, dass wir unsere Weihnachtseinkäufe fertig bekommen, schreiben ein paar Weihnachtsgrüße, und wenn wir dann all die Weihnachtsfeiern in Vereinen und Gesellschaften hinter uns haben, ziehen wir fröhlich-lächelnd ins Land der Verheißung, ins Weihnachtsland ein ... Aber große Dinge sind verheißen und sie sind im Anzuge, unerhörtes Geschehen wird verkündigt, das noch kein menschliches Ohr vernommen, unerschlossene Geheimnisse werden aufgetan ... Bist du bereit?

**Montag**
2. Adventswoche

# DEMUT

Freilich warten kann nicht jeder: nicht der Gesättigte, Zufriedene, und nicht der Respektlose. Warten können nur Menschen, die eine Unruhe mit sich herumtragen, und Menschen, die zu dem Größten in der Welt in Ehrfurcht aufblicken. So könnte Advent nur der feiern, dessen Seele ihm keine Ruhe lässt, der sich arm und unvollkommen weiß und der etwas ahnt von der Größe dessen, was da kommen soll, vor dem es nur gilt, sich in demütiger Scheu zu beugen, wartend, bis er sich zu uns neigt – der Heilige selbst, Gott im Kind in der Krippe.

DAS WUNDER SEINER
LIEBE BEGREIFEN

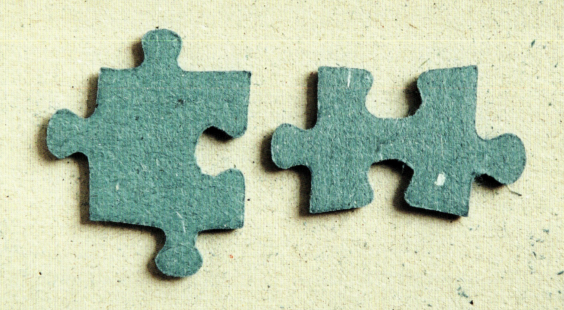

**Dienstag**
2. Adventswoche

# NÄHE

Wo wir an einen Punkt in unserem Leben geraten sind, dass wir uns nur noch vor uns selbst und vor Gott schämen, wo wir meinen, Gott selbst müsse sich jetzt unserer schämen, wo wir uns Gott so fern fühlen, wie irgend je im Leben, da gerade ist Gott uns so nah wie nie zuvor, da will er in unser Leben einbrechen, da lässt er uns sein Herannahen fühlbar spüren, damit wir das Wunder seiner Liebe, seiner Nähe, seiner Gnade begreifen sollen.

**Mittwoch**
2. Adventswoche

# VERHEISSUNG

Advent schafft Menschen, neue Menschen. Neue Menschen sollen auch wir im Advent werden. Sehet auf, ihr, deren Blick stier auf diese Erde gerichtet ist, die gebannt sind von den kleinen Geschehnissen und Veränderungen auf der Oberfläche dieser Erde, sehet auf, die ihr euch vom Himmel enttäuscht abgewendet habt, ... sehet auf, ihr, deren Augen von Tränen schwer sind und dem nachweinen, das die Erde uns gnadenlos entrissen hat, sehet auf, ihr, deren Blick schuldbeladen sich nicht erheben kann – sehet auf, eure Erlösung naht. Es geschieht noch etwas anderes, als was ihr täglich seht, etwas viel Wichtigeres, etwas unendlich viel Größeres und Mächtigeres – nehmt es nur wahr, seid auf der Wacht, wartet noch einen kurzen Augenblick, wartet und es wird etwas ganz Neues über euch hereinbrechen.

**Donnerstag**
2. Adventswoche

# FREIHEIT

Der wirkliche Mensch darf in Freiheit das Geschöpf seines Schöpfers sein. Gleichgestaltet mit dem Menschgewordenen sein, bedeutet, der Mensch sein dürfen, der man in Wirklichkeit ist. Schein, Heuchelei, Krampf, Zwang, etwas Anderes, Besseres, Idealeres zu sein, als man ist, ist hier abgetan. Gott liebt den wirklichen Menschen. Gott wurde wirklicher Mensch.

**Freitag**
2. Adventswoche

# WUNDER ALLER WUNDER

Wo der Verstand sich entrüstet, wo unsere Natur sich auflehnt, wo unsere Frömmigkeit sich ängstlich fernhält, dort, gerade dort liebt es Gott zu sein. Dort verwirrt er den Verstand der Verständigen, dort ärgert er unsere Natur, unsere Frömmigkeit – dort will er sein und keiner kann's ihm verwehren – und nur die Demütigen glauben ihm und freuen sich, dass Gott so frei und so herrlich ist, dass er Wunder tut, wo der Mensch verzagt, dass er herrlich macht, was gering und niedrig ist. Und das ist ja das Wunder aller Wunder, dass Gott das Niedrige liebt.

**Samstag**
2. Adventswoche

# MITTEN IM LEBEN

Gott in der Niedrigkeit – das ist das revolutionäre, das leidenschaftliche Adventswort ... Gott schämt sich der Niedrigkeit des Menschen nicht, er geht mitten hinein, erwählt einen Menschen zu seinem Werkzeug und tut seine Wunder dort, wo man sie am wenigsten erwartet. Gott ist nahe der Niedrigkeit, er liebt das Verlorene, das Unbeachtete, Unansehnliche, das Ausgestoßene, das Schwache und Zerbrochene; wo die Menschen sagen: »verloren«, da sagt er: »gefunden«. Wo die Menschen sagen: »gerichtet«, da sagt er: »gerettet«, wo die Menschen sagen: »Nein!«, da sagt er: »Ja!« Wo die Menschen ihren Blick gleichgültig oder hochmütig wegwenden, da ist sein Blick von einer Glut der Liebe wie nirgends sonst.

## 3. Advent
### Sonntag

# EIGENTLICHE FREUDE

Es gibt unter den christlichen Festen nicht eines, das uns nicht, wenn wir es ganz ernst nehmen, bedrohlich ansieht, dass es uns angst und weh wird im Herzen; unsere ganze Existenz und unser gesamtes geistiges Sein wird angegriffen und vor Gericht gezogen, vor die Entscheidung gestellt; von der Weihnachtsbotschaft nicht anders wie von der Ostergeschichte. Nur dann aber, wenn wir den Angriff immer von Neuem aufs Tiefste auf uns wirken lassen, können wir seiner Herr werden und etwas von der eigentlichen Freude – die alles andere ist als Sentimentalität – verspüren.

**Montag**

3. Adventswoche

# BEGEGNUNG

Jesus steht vor der Tür und klopft an (Offenbarung 3, 20), ganz in Wirklichkeit, er bittet dich in Gestalt des Bettlers, des verkommenen Menschenkindes in den verlumpten Kleidern, um Hilfe, er tritt dir gegenüber in jedem Menschen, der dir begegnet. Christus wandelt auf der Erde, solange es Menschen gibt, als dein Nächster, als der, durch den Gott dich anruft, anspricht, Ansprüche stellt. Das ist der größte Ernst und die größte Seligkeit der Adventsbotschaft. Christus steht vor der Tür, er lebt in Gestalt des Menschen unter uns, willst du ihm die Tür verschließen oder öffnen?

**Dienstag**
3. Adventswoche

# UMKEHR

Wenn Gott selbst in der Krippe von Bethlehem auf diese Welt kommen will, so ist das nicht eine idyllische Familienangelegenheit, sondern es ist der Beginn einer völligen Umkehrung, Neuordnung aller Dinge dieser Erde. Wenn wir an diesem Advents- und Weihnachtsgeschehen teilnehmen wollen, so können wir nicht einfach zuschauerisch wie bei einem Theater danebenstehen und uns an den freundlichen Bildern freuen, sondern dann werden wir selbst in diese Handlung, die da geschieht, in diese Umkehr aller Dinge mit hineingerissen, da müssen wir mitspielen auf dieser Bühne, da ist der Zuschauer immer schon eine handelnde Person in diesem Stück, da können wir uns nicht entziehen.

GEMEINSCHAFT HALTEN
MIT DEN SCHWACHEN

**Mittwoch**

3. Adventswoche

# GEMEINSCHAFT

Das einzig fruchtbare Verhältnis zu den Menschen – gerade zu den Schwachen – ist Liebe, d. h. der Wille, mit ihnen Gemeinschaft zu halten. Gott selbst hat die Menschen nicht verachtet, sondern ist Mensch geworden um der Menschen willen.

**Donnerstag**
3. Adventswoche

# BARMHERZIGKEIT

Gott selbst ist es, der Herr und Schöpfer aller Dinge, der hier so gering wird, der hier in den Winkel, in die Verborgenheit, in die Unansehnlichkeit der Welt eingeht, der in der Hilflosigkeit und Wehrlosigkeit des Kindes uns begegnen und unter uns sein will – und das nicht aus Tändelei, aus Spielerei, weil wir das so rührend finden, sondern um uns zu zeigen, wo er sei und wer er sei, und um von diesem Ort aus alles menschliche Großseinwollen zu richten und zu entwerten, zu entthronen. Der Thron Gottes in der Welt ist nicht auf den menschlichen Thronen, sondern in den menschlichen Abgründen und Tiefen, in der Krippe. Um seinen Thron herum stehen nicht schmeichelnde Vasallen, sondern dunkle, unbekannte, fragwürdige Gestalten, die sich an diesem Wunder nicht sattsehen können und ganz von der Barmherzigkeit Gottes leben wollen.

**Freitag**
3. Adventswoche

# ERSCHRECKEN

Über deiner Nähe erwache ich mitten in tiefer Nacht
und erschrecke –
bist du mir wieder verloren? Such ich dich ewig vergeblich,
dich, meine Vergangenheit?
Ich strecke die Hände aus und bete – –
und ich erfahre das Neue:
Vergangenes kehr dir zurück
als deines Lebens lebendigstes Stück
durch Dank und durch Reue.
Fass im Vergangenen Gottes Vergebung und Güte,
bete, dass Gott dich heut und morgen behüte.

**Samstag**
3. Adventswoche

# UMLERNEN

Wer von uns wird Weihnachten recht feiern? Wer alle Gewalt, alle Ehre, alles Ansehen, alle Eitelkeit, allen Hochmut, alle Eigenwilligkeit endlich niederlegt an der Krippe, wer sich hält zu den Niedrigen und Gott allein hoch sein lässt, wer im Kind in der Krippe die Herrlichkeit Gottes gerade in der Niedrigkeit schaut, wer mit Maria spricht: Der Herr hat meine Niedrigkeit angesehen.

## 4. Advent
### Sonntag

# WEIHNACHTSGEFÜHLE

Jeder von uns geht mit verschiedenen persönlichen Gefühlen Weihnachten entgegen, die einen in reiner Freude im Blick auf diesen Tag des Jubels, der Freundlichkeit und der Liebe ... Andere suchen unterm Christbaum für einen Augenblick Ruhe vom Alltag, sie wollen träumen, vergessen, was um sie ist, wenn sie in die Lichter am Christbaum schauen und die alten Weihnachtslieder hören, sie sehnen sich nach diesem seligen Vergessen. Wieder andere gehen mit großer Bangigkeit Weihnachten entgegen. Es wird kein reines Freudenfest für sie werden, unheimliche Trennungen werden in ihnen wach werden, gerade an diesem Tag werden sie ihr persönliches Elend, ihre Einsamkeit besonders empfinden. Menschenherzen unter dem Christbaum sehen so überaus verschieden aus ... Und trotzdem kommt Weihnachten.

**Montag**
4. Adventswoche

# FRIEDE

Uns ist ein Kind geboren, ein Sohn ist uns gegeben und die Herrschaft ist auf seiner Schulter. Und er heißt Wunderbar, Rat, Kraft, Held, Ewigvater, Friedefürst; auf dass seine Herrschaft groß werde und des Friedens kein Ende von nun an bis in Ewigkeit. Er ist unser Friede.
Lasset uns beten: Herr, du Gott alles Friedens und aller Liebe; du bist zu uns gekommen, damit wir zu dir kämen. Du bist Mensch geworden, damit wir göttlich würden. Du hast unser Fleisch und Blut in Gnade angenommen, damit wir deiner teilhaftig würden.
Lass uns durch deine allerheiligste Geburt neu geboren werden in Frieden und Liebe, und mache uns arme Sünder zu Kindern deiner Barmherzigkeit.
Herr Jesus Christus, kehre bei uns ein! Amen.

**Dienstag**
4. Adventswoche

# HÖREN

[Die Weihnachtsbotschaft] zu hören in aller Einfalt und sie zu sagen in aller Sachlichkeit, das ist unsere Aufgabe, unsere selige Aufgabe am Christfest. Die Welt ist von jeher voll von tausend Forderungen, Plänen, Aufrufen und Anweisungen, mit denen man die Nöte der Welt zu überwinden sucht, die jedem früher oder später schmerzlich genug fühlbar werden. Wir haben Gott sei Dank nicht wieder zu fordern, zu planen und aufzurufen, wir haben einfach zu hören und zu sagen, was ohne all unser Tun und Machen als die wirkliche und die ganze Hilfe von Gott geschenkt ist.

**Mittwoch**
4. Adventswoche

# DIE GROSSE WENDUNG

Von der Geburt eines Kindes ist die Rede, nicht von der umwälzenden Tat eines starken Mannes, nicht von der kühnen Entdeckung eines Weisen, nicht von dem frommen Werk eines Heiligen. Es geht wirklich über alles Begreifen: Die Geburt eines Kindes soll die große Wendung aller Dinge herbeiführen, soll der ganzen Menschheit Heil und Erlösung bringen. Worum sich Könige und Staatsmänner, Philosophen und Künstler, Religionsstifter und Sittenlehrer vergeblich bemühen, das geschieht nun durch ein neugeborenes Kind. Wie zur Beschämung der gewaltigsten menschlichen Anstrengungen und Leistungen wird hier ein Kind in den Mittelpunkt der Weltgeschichte gestellt.

**Donnerstag**
4. Adventswoche

# SCHWACHHEIT

Die Herrschaft, die auf den Schultern des Kindes in der Krippe liegt, besteht im geduldigen Tragen der Menschen und ihrer Schuld. Dieses Tragen aber fängt in der Krippe an, fängt dort an, wo das ewige Wort Gottes das menschliche Fleisch annahm und trug. Gerade in der Niedrigkeit und Schwachheit des Kindes nimmt die Herrschaft über alle Welt ihren Anfang.

**Freitag**
4. Adventswoche

# BEGEGNUNG

Wie wollen wir diesem Kind begegnen? Sind unsere Hände durch die tägliche Arbeit, die sie vollbrachten, zu hart und zu stolz geworden, um sich beim Anblick dieses Kindes anbetend zu falten? Tragen wir unseren Kopf, der so viele schwere Gedanken hat denken, Probleme hat lösen müssen, zu hoch, als dass wir ihn vor dem Wunder dieses Kindes noch demütig beugen können? Können wir alle unsere Anstrengungen, Leistungen, Wichtigkeiten noch einmal ganz vergessen, um mit den Schafhirten und mit den Weisen aus dem Morgenland vor dem göttlichen Kind in der Krippe kindlich anzubeten?

**Samstag**
4. Adventswoche

# UNTERWERFUNG

Mit der Geburt Jesu ist das große Friedensreich angebrochen. Ist es nicht ein Wunder, dass dort, wo Jesus wirklich Herr über die Menschen geworden ist, auch Friede herrscht? Dass es eine Christenheit gibt auf der ganzen Erde, in der es mitten in der Welt Frieden gibt? Nur wo man Jesus nicht herrschen lässt, wo menschlicher Eigensinn, Trotz, Hass und Begehrlichkeit sich ungebrochen ausleben dürfen, dort kann kein Friede sein. Nicht durch Gewalt will Jesus sein Friedensreich aufrichten, sondern wo Menschen sich willig ihm unterwerfen, ihn über sich herrschen lassen, dort schenkt er ihnen seinen wunderbaren Frieden.

# DAS WUNDER WEIHNACHTEN

4. Doch willst Du uns noch einmal Freude schenken
an dieser Welt und ihrer Sonne Glanz,
dann woll'n wir des Vergangenen gedenken,
und dann gehört Dir unser Leben ganz.

5. Lass warm und hell die Kerzen heute flammen,
die Du in unsre Dunkelheit gebracht,
führ, wenn es sein kann, wieder uns zusammen.
Wir wissen es, Dein Licht scheint in der Nacht.

6. Wenn sich die Stille nun tief um uns breitet,
so lass uns hören jenen vollen Klang
der Welt, die unsichtbar sich um uns weitet,
all Deiner Kinder hohen Lobgesang.

**Erster Weihnachtsfeiertag**

# GETRAGEN

Darum lautet das Weihnachtszeugnis für alle Menschen: Ihr seid angenommen, Gott hat euch nicht verachtet, sondern er trägt leibhaftig euer aller Fleisch und Blut. Seht auf die Krippe! In dem Leib des Kindleins, in dem fleischgewordenen Sohn Gottes ist euer Fleisch, ist alle eure Not, Angst, Anfechtung, ja, alle eure Sünde getragen, vergeben, geheiligt. Klagst du: Meine Natur, mein ganzes Wesen ist heillos und ich muss ewig verloren sein, so antwortet die Weihnachtsbotschaft: Deine Natur, dein ganzes Leben ist angenommen, Jesus trägt es, so ist er dein Heiland geworden.

**Zweiter Weihnachtsfeiertag**

# MENSCHWERDUNG

Gott wurde Mensch, indem er die menschliche Natur, nicht aber einen einzelnen Menschen annahm … »Menschliche Natur«, das ist Natur, Wesen, Fleisch aller Menschen, also auch meine Natur, mein Fleisch; menschliche Natur, das ist der Inbegriff aller menschlichen Möglichkeiten überhaupt. Vielleicht würden wir Heutigen am verständlichsten sagen: Gott nahm in der Geburt Jesu Christi die Menschheit an, nicht nur einen einzelnen Menschen.

**27. Dezember**

# GEBORGEN

Im Frieden Gottes sind wir geborgen, behütet und geliebt. Freilich, er nimmt uns unsere Sorge, unsere Verantwortung, unsere Unruhe nicht völlig ab, aber hinter all dem Treiben und Sorgen ist der göttliche Friedensbogen aufgegangen; wir wissen unser Leben getragen und in Einheit mit dem ewigen Leben Gottes, wir wissen, dass der Riss, den wir immer wieder schmerzlich empfinden müssen, nur ein immer erneuerter Hinweis darauf ist,, dass Gott den Riss geschlossen hat, dass er uns in sein Leben hineingezogen, so wie wir sind, als Menschen der Erde, als Menschen mit Herzen und Sinnen, das heißt in der Sprache der Bibel: mit Leidenschaften und Nöten, mit den Eindrücken der Welt befangen.

**28. Dezember**

# DANKBARKEIT

»Er hat alles wohlgemacht.« So wollen wir am Ende dieses Jahres sprechen über jede Woche, über jede Stunde, die vergangen ist … Gerade die Tage, die uns schwer waren, die uns gequält und geängstigt haben, Tage, die in uns eine Spur von Bitterkeit zurückgelassen haben, wollen wir … nicht hinter uns lassen, bevor wir nicht auch von ihnen dankbar und demütig bekennen: »Er hat alles wohlgemacht.« Nicht vergessen sollen wir, sondern überwinden. Das geschieht durch Dankbarkeit. Nicht die ungelösten Rätsel der Vergangenheit lösen und in quälende Grübelei fallen sollen wir, sondern auch das Unbegreifliche stehen lassen und friedlich in Gottes Hand zurückgeben.

**29. Dezember**

# SCHWACHHEIT

Wenn unser Leben zwischen gutem Vorsatz und Scham über uns selbst dahinpendelt, wenn wir unausweichlich klar sehen müssen, wie schwach wir sind, ... dann kommt es wohl einmal über uns, dass wir sagen: Gott, ich ertrage dich nicht mehr, bleib diesem jammervollen schwachen Leben fern, ich will dich nicht mehr hören, ich kann es nicht mehr. Ich bin zu tief im Sumpf. Und dann gerade kommt es darauf an, dass wir es uns neu sagen lassen und neu hören, als wirklich zu uns gesagt: Friede ... Mut, Mut ... den Gott gibt. Es ist dann, als ob eine Mutter ihrem Kinde das Heft in das es so viel Fehler und Flecken gemacht hat und worüber es nun unglücklich ist und weint aus der Hand nimmt und ihm ein neues hinlegt. Nun, versuch's noch mal! Mut, Mut. So redet Gott zu uns, wenn wir erschrocken sind über uns.

**30. Dezember**

# ZUKUNFT

Optimismus ist in seinem Wesen keine Ansicht über die gegenwärtige Situation, sondern er ist eine Lebenskraft, eine Kraft der Hoffnung, wo andere resignieren, eine Kraft, den Kopf hochzuhalten, wenn alles fehlzuschlagen scheint, eine Kraft, Rückschläge zu ertragen, eine Kraft, die die Zukunft niemals dem Gegner lässt, sondern sie für sich in Anspruch nimmt ... Den Optimismus als Willen zur Zukunft soll niemand verächtlich machen, auch wenn er hundertmal irrt.

# GOTTESFREUDE IN DER WELT

**31. Dezember**

# HUNGER NACH FREUDE

Jesus Christus, den Menschen zugute ein Mensch geworden im Stall zu Bethlehem – freue dich, oh Christenheit ... Jesus Christus, von Gott gekommen und zu Gott gehend – das ist nicht eine neue Welt von Problemen, von Fragen und Antworten, das heißt nicht ein neues moralisches Gesetz, das heißt nicht eine neue Last zu den Lasten, die der Mensch schon zu tragen hat, es heißt eigentlich und vor allem Gottesfreude in der Welt, Gottesfreude in der nach Freude hungernden Menschheit angezündet.

# GEBORGEN INS NEUE JAHR

7. Von guten Mächten wunderbar geborgen,
erwarten wir getrost, was kommen mag.
Gott ist bei uns am Abend und am Morgen
und ganz gewiss an jedem neuen Tag.

**Neujahr**

# NEUER ANFANG

Wir gehen in ein neues Jahr, viel menschliche Pläne und Fehler, viel Feindschaft und Not werden unseren Weg bestimmen. Solange wir aber bei Jesus bleiben und mit ihm gehen, dürfen wir gewiss sein, dass auch uns nichts widerfahren kann, als was Gott zuvor ersehen, gewollt und verheißen hat. Es ist der Trost eines Lebens, das mit Jesus gelebt wird, dass es auch über ihm heißen muss: Es wurde erfüllt, was der Herr gesagt hat. Amen.

## 2. Januar

# GUTE VORSÄTZE

»Der Weg zur Hölle ist mit guten Vorsätzen gepflastert« – dieses Sprichwort, das sich in den verschiedensten Ländern findet, entspringt nicht der frechen Weltklugheit eines Unverbesserlichen, sondern hier enthüllt sich tiefe christliche Einsicht. Wer an der Jahreswende nichts Besseres zu tun weiß, als sich ein Register begangener Schlechtigkeiten anzulegen und den Beschluss zu fassen, von nun an – wie viele solche »von nun an« hat es schon gegeben! – mit besseren Vorsätzen anzufangen, der ... meint, der gute Vorsatz mache schon den neuen Anfang, d. h. er meint, er könne von sich aus einfach einen neuen Anfang machen, wann er es gerade wolle. Und das ist eine böse Täuschung; einen neuen Anfang macht allein Gott mit dem Menschen, wenn es Ihm gefällt, aber nicht der Mensch mit Gott.

## 3. Januar

# ANFANGEN

Das nächste Jahr wird kein Jahr ohne Angst, Schuld, Not sein. Aber – dass es in aller Schuld, Angst, Not ein Jahr mit Christus sei, dass unserm Anfang mit Christus eine Geschichte mit Christus folge, die ja nichts ist als ein tägliches Anfangen mit ihm – darauf kommt es an.

# MACHT

Die Weisen aus dem Morgenlande hatten Jesus angebetet und ihm kostbare Gaben gebracht. Gibt es nun einen erschreckenderen Gegensatz, als wenn es noch im selben Satz heißt, dass der König der Juden, Herodes, nach dem Kinde sucht, um es umzubringen? ... Der mächtige, schon oft mit Blut befleckte, brutale Herrscher sucht das ohnmächtige unschuldige Kind zu töten, weil er sich vor ihm fürchtet. Alle irdischen Machtmittel sind auf der Seite des Herodes. Aber Gott ist auf der Seite des Kindes. Und Gott hat andere Mittel als Herodes.

**5. Januar**

# UNSICHTBARE KRÄFTE

Geheimnisvoll wie Gott selbst sind seine Mittel. Es fehlt ihm nicht an unsichtbaren Kräften und Dienern, durch die er die Seinen seine Wege wissen lassen kann. Zwar hat er uns sein Wort gegeben und uns in ihm seinen ganzen Willen offenbart. Aber in besonderer Stunde hilft er uns auch auf besondere Weise, damit wir den rechten Weg nicht verfehlen. Wer hätte solche besondere Hilfe und Führung Gottes nicht erfahren?

# DUNKLE URSPRÜNGE

# EPIPHANIAS

Die seltsame Unbestimmtheit, die über dem Epiphaniasfest liegt, ist so alt wie das Fest selbst. Es steht fest, dass längst bevor Weihnachten gefeiert wurde, Epiphanias in den Kirchen des Morgen- und Abendlandes als höchster Festtag der winterlichen Jahreshälfte galt. Die Ursprünge sind dunkel. Gewiss ist, dass von jeher vier verschiedene Ereignisse an diesem Tag Gegenstand des Gedenkens waren: die Geburt Christi, die Taufe Christi, die Hochzeit zu Kana und die Ankunft der Magier aus dem Morgenland.

GOTT HAT SCHON
AUF UNS GEWARTET

**7. Januar**

# EWIGES WIEDERKOMMEN

Weil aber [Gottes] erstes Kommen der Welt ein Geheimnis bleibt und weil nur der, den Gott selbst in das Geheimnis hineingezogen hat, ihn sieht, darum kann auch dieser das Geheimnis seines ewigen Wiederkommens begreifen. Niemand besitzt Gott so, dass er nicht mehr ganz auf ihn warten müsste. Und doch niemand kann auf Gott warten, der nicht wüsste, dass Gott schon längst auf ihn gewartet hat.

**1. Sonntag**
nach Epiphanias

# GLAUBEN

Jesus will sich nicht durch magische Wunder die Anerkennung als Sohn Gottes erzwingen, sondern er will als solcher geglaubt sein. »Seine Jünger glaubten an ihn.« Die Herrlichkeit Jesu ist verborgen in seiner Niedrigkeit und wird allein im Glauben geschaut. Hier schließt sich der Inhalt des Epiphaniasfestes doch wieder eng mit der Weihnachtsgeschichte zusammen, sodass es verständlich wird, dass der Epiphaniastag einst zugleich die Erscheinung dessen war, der »keine Gestalt noch Schöne hatte« (Jesaja 53,2). Damit weist Epiphanias auf die Zeit hin, die nun im Kirchenjahr folgt, auf die Passion.

DIETRICH BONHOEFFER, evangelischer Theologe, Pfarrer und Widerstandskämpfer. Er wurde am 4. Februar 1906 in Breslau geboren und am 9. April 1945 im KZ Flossenbürg ermordet.

Ab 1912 lebte die Familie Bonhoeffer in Berlin; Dietrich hatte sieben Geschwister (der zweitälteste Bruder fiel 1918 im Ersten Weltkrieg), darunter eine Zwillingsschwester. Sein Vater, Karl Bonhoeffer, hielt den bedeutendsten deutschen Lehrstuhl für Psychiatrie und Neurologie an der Charité der Berliner Universität. Wie kaum eine andere deutsche Familie waren die Bonhoeffers von Anfang an entschiedene Gegner des Nazi-Regimes. Dietrich Bonhoeffer wurde nach Studien in Tübingen und Berlin zunächst Privatdozent für evangelische Theologie und Jugendreferent in der internationalen Ökumene. Bereits 1933 nahm er öffentlich Stellung gegen die Judendiskriminierung des nationalsozialistischen Staates. Damals zerfiel die evangelische Kirche in einen staatsfreundlichen Teil und in die »Bekennende Kirche«, deren Predigerseminar Dietrich Bonhoeffer ab 1935 leitete.

Wenn sich ein Staat wie ein Amokfahrer gebärdet und an die Stelle des Rechts Staatsterror setzt, so war es nach Bonhoeffer Aufgabe der Kirche, nicht nur die Opfer zu verbinden, sondern auch dem Rad in die Speichen zu fallen, das heißt: politisch Widerstand zu leisten. Als er mit dieser Einsicht auch innerhalb der »Bekennenden Kirche« keine Gefolgschaft fand, ging Bonhoeffer in den unmittelbar politischen Widerstand und wurde »Doppelspion«: Für den Staat arbeitete er in der »Spionageabwehr«, tatsächlich nutzte er seine Auslandskontakte und -reisen, um mit den Alliierten über die Zukunft Deutschlands nach dem Sturz Hitlers zu verhandeln.

Im April 1943 wegen Hochverrats verhaftet, wurde Bonhoeffer nach dem missglückten Attentat auf Hitler durch Graf von Stauffenberg am 20. Juli 1944 mit anderen Widerständlern zum »persönlichen Gefangenen« Hitlers, auf dessen Befehl er noch kurz vor Kriegsende, im April 1945, im KZ Flossenbürg hingerichtet wurde.

In seinem Denken verband Dietrich Bonhoeffer eine große Ehrlichkeit als moderner Mensch mit einem radikalen Glauben an Jesus Christus. In ihm sah er exemplarisch den »Menschen für andere«. Nur als »Kirche für andere« bleibt die Kirche nach Bonhoeffer ihrem Auftrag treu.

Sein wohl berühmtester Text, das oft vertonte Gedicht »Von guten Mächten«, ist aus der Situation der Bedrohung und Verfolgung geschrieben. An der Westwand der Londoner Westminster Abbey erinnert eine Skulptur an diesen großen Märtyrer des 20. Jahrhunderts.

# QUELLENNACHWEIS

Dietrich Bonhoeffer wird zitiert nach der vollständig durchgesehenen Sonderausgabe der Dietrich Bonhoeffer Werke (DBW): Dietrich Bonhoeffer Werke, hrsg. Von Eberhard Bethge u. a., 17 Bände, Gütersloher Verlagshaus, Gütersloh 2015.
Die Texte wurden für diese Auswahl der aktuellen Rechtschreibung angeglichen.

**ADVENT FEIERN HEISST WARTEN KÖNNEN:** Auszug aus dem Gedicht »Von guten Mächten«, Berlin, Dezember 1944, in: Widerstand und Ergebung, DBW Band 8, S. 607f.

**1. ADVENTSWOCHE**
**SONNTAG:** Predigt zu Apokalypse 3,20. Barcelona, 1. Advent, 2.12.1928, in: Barcelona, Berlin, Amerika 1928–1931, DBW Band 10, S. 530.
**MONTAG:** Aufzeichnungen für einen Jugendlichen. Vom Alleinsein, in: Barcelona, Berlin, Amerika 1928–1931, DBW Band 10, S. 544.
**DIENSTAG:** Predigt zu Apokalypse 3,20. Barcelona, 1. Advent, 2.12.1928, in: Barcelona, Berlin, Amerika 1928–1931, DBW Band 10, S. 529.
**MITTWOCH:** Predigt zu Lukas 12,35–40. Berlin, 1. Advent, 29.11.1931, in: Ökumene, Universität, Pfarramt 1931–1932, DBW Band 11, S. 389f.
**DONNERSTAG:** Predigt zu Lukas 12,35–40. Berlin, 1. Advent, 29.11.1931, in: Ökumene, Universität, Pfarramt 1931–1932, DBW Band 11, S. 390f.
**FREITAG:** Predigt zu Lukas 12,35–40. Berlin, 1. Advent, 29.11.1931, in: Ökumene, Universität, Pfarramt 1931–1932, DBW Band 11, S. 390f.
**SAMSTAG:** Predigt zu Lukas 21,28. London, 1. Advent, 3.12.1933, in: London 1933–1935, DBW Band 13, S. 333.

**2. ADVENTSWOCHE**
**SONNTAG:** Predigt (Fragment) zu Deuteronomium 32,48–52. Havanna/Cuba, 4. Advent, 21.12.1930, in: Barcelona, Berlin, Amerika 1928–1931, DBW Band 10, S. 582; 585.
**MONTAG:** Predigt zu Apokalypse 3,20. Barcelona, 1. Advent, 2.12.1928, in: Barcelona, Berlin, Amerika 1928–1931, DBW Band 10, S. 329f.
**DIENSTAG:** Predigt zu Lukas 1,46–55. London, 3. Advent, 17.12.1933, in: London 1931–1935, DBW Band 13, S. 340.
**MITTWOCH:** Predigt zu Lukas 21,28. London, 1. Advent, 3.12.1933, in: London 1933–1935, DBW Band 13, S. 336f.

**DONNERSTAG**: Ethik als Gestaltung, in: Ethik, DBW Band 6, S. 81f.
**FREITAG**: Predigt zu Lukas 1,46–55. London, 3. Advent, 17.12.1933, in: London 1933–1935, DBW Band 13, S. 339.
**SAMSTAG**: Predigt zu Lukas 1,46–55. London, 3. Advent, 17.12.1933, in: London 1933–1935, DBW Band 13, S. 340.

## 3. ADVENTSWOCHE

**SONNTAG**: Predigt zu 1 Korinther 15,17. Barcelona, Ostersonntag, 8.4.1928, in: Barcelona, Berlin, Amerika 1928–1931, DBW Band 10, S. 461.
**MONTAG**: Predigt zu Apokalypse 3,20. Barcelona, 1. Advent, 2.12.1928, in: Barcelona, Berlin, Amerika 1928–1931, DBW Band 10, S. 533.
**DIENSTAG**: Predigt zu Lukas 1,46–55. London, 3. Advent, 17.12.1933, in: London 1933–1935, DBW Band 13, S. 340f.
**MITTWOCH**: Rechenschaft an der Wende zum Jahr 1943. »Nach zehn Jahren«. Menschenverachtung?, in: Widerstand und Ergebung, DBW Band 8, S. 29.
**DONNERSTAG**: Predigt zu Lukas 1,46–55. London, 3. Advent, 17.12.1933, in: London 1933–1935, DBW Band 13, S. 341f.
**FREITAG**: Auszug aus dem Gedicht »Vergangenheit«. Tegel, Juni 1944, in: Widerstand und Ergebung, DBW Band 8, S. 471.
**SAMSTAG**: Predigt zu Lukas 1,46–55. London, 3. Advent, 17.12.1933, in: London 1933–1935, DBW Band 13, S. 343f.

## 4. ADVENTSWOCHE

**SONNTAG**: Predigt (Fragment) zu Deuteronomium 32,48–52. Havanna/Cuba, 4. Advent, 21.12.1930, in: Barcelona, Berlin, Amerika 1928–1931, DBW Band 10, S. 586f.
**MONTAG**: Liturgiefragment zu Weihnachten. Sigurdshof (?), 24.12.1939 (?), in: Illegale Theologenausbildung: Sammelvikariate 1937–1940, DBW Band 15, S. 491.
**DIENSTAG**: Rundbrief. Ettal Mitte Dezember 1940, in: Konspiration und Haft 1940–1945, DBW Band 16, S. 96.
**MITTWOCH**: Predigtmeditation zu Jesaja 9,5f. Weihnachten 1940, in: Konspiration und Haft 1940–1945, DBW Band 16, S. 634.
**DONNERSTAG**: Predigtmeditation zu Jesaja 9,5f. Weihnachten 1940, in: Konspiration und Haft 1940–1945, DBW Band 16, S. 635.
**FREITAG**: Predigtmeditation zu Jesaja 9,5f. Weihnachten 1940, in: Konspiration und Haft 1940–1945, DBW Band 16, S. 634f.
**SAMSTAG**: Predigtmeditation zu Jesaja 9,5f. Weihnachten 1940, in: Konspiration und Haft 1940–1945, DBW Band 16, S. 638.

**DAS WUNDER WEIHNACHTEN:** Auszug aus dem Gedicht »Von guten Mächten«, Berlin, Dezember 1944, in: Widerstand und Ergebung, DBW Band 8, S. 608.

**1. WEIHNACHTSFEIERTAG:** Meditation zu Weihnachten. Dezember 1939, in: Illegale Theologenausbildung: Sammelvikariate 1937–1940, DBW Band 15, S. 540.

**2. WEIHNACHTSFEIERTAG:** Meditation zu Weihnachten. Dezember 1939, in: Illegale Theologenausbildung: Sammelvikariate 1937–1940, DBW Band 15, S. 539f.

**27. DEZEMBER:** Predigt zu Philipper 4,7. Barcelona, Sexagesimae, 3.2.1929, in: Barcelona, Berlin, Amerika 1928–1931, DBW Band 10, S. 537f.

**28. DEZEMBER:** Bericht über das Jahr 1936. Finkenwalde, 21.12.1936, in: Illegale Theologenausbildung: Finkenwalde 1935–1937, DBW Band 14, S. 258.

**29. DEZEMBER:** Ansprache zu Daniel 10,1.8.16–19. Berlin, 1.12.1932, in: Berlin 1932–1933, DBW Band 12, S. 432f.

**30. DEZEMBER:** Rechenschaft an der Wende zum Jahr 1943: »Nach zehn Jahren«, in: Widerstand und Ergebung, DBW Band 8, S. 36.

**31. DEZEMBER:** Predigt zu 1. Petrus 1,7–9. Berlin, Himmelfahrt, 25.5.1933, in: Berlin 1932–1933, DBW Band 12, S. 455.

**GEBORGEN INS NEUE JAHR:** Auszug aus dem Gedicht »Von guten Mächten«, Berlin, Dezember 1944, in: Widerstand und Ergebung, DBW Band 8, S. 608.

**NEUJAHR:** Lesepredigt zu Matthäus 2,13–23. Für den Sonntag nach Neujahr. 1940, in: Illegale Theologenausbildung: Sammelvikariate 1937–1940, DBW Band 15, S. 498.

**2. JANUAR:** Andacht zu Lukas 9,57–62. London, Neujahr, 1.1.1934, in: London 1933–1935, DBW Band 13, S. 344.

**3. JANUAR:** Andacht zu Lukas 9,57–62. London, Neujahr, 1.1.1934, in: London 1933–1935, DBW Band 13, S. 346.

**4. JANUAR:** Lesepredigt zu Matthäus 2,13–23. Für den Sonntag nach Neujahr. 1940, in: Illegale Theologenausbildung: Sammelvikariate 1937–1940, DBW Band 15, S. 493f.

**5. JANUAR:** Lesepredigt zu Matthäus 2,13–23. Für den Sonntag nach Neujahr. 1940, in: Illegale Theologenausbildung: Sammelvikariate 1937–1940, DBW Band 15, S. 494.

**EPIPHANIAS:** Meditation zu Epiphanias. Januar 1940, in: Illegale Theologenausbildung: Sammelvikariate 1937–1940, DBW Band 15, Seite 544ff

**7. JANUAR:** Predigt zu Lukas 12,35–40. Berlin, 1. Advent, 29.11.1931, in: Ökumene, Universität, Pfarramt 1931–1932, DBW Band 11, S. 389f.

**1. SONNTAG NACH EPIPHANIAS:** Meditation zu Epiphanias. Januar 1940, in: Illegale Theologenausbildung: Sammelvikariate 1937–1940, DBW Band 15, Seite 548.

# BILDNACHWEIS

**EINLADUNG** © CiLicht/photocase.com, © gbrundin/iStock.com
**ADVENT FEIERN HEISST WARTEN KÖNNEN** © hjnisch/aboutpixel.com
**1. ADVENTSWOCHE** So © zettberlin/photocase.com, Mo © portishead/iStock.com, Di © LMDB/photocase.com, Mi © zettberlin/photocase.com, Do © Guntier/photocase.com, Fr © Gerti G./photocase.com, Sa © LeoPatrizi/iStock.com
**2. ADVENTSWOCHE** So © dkaranouh/iStock.com, Mo © Konoplytska/iStock.com, Di © suze/photocase.com, Mi © chapelhiltar/iStock.com, Do © Brilliant Eye/shutterstock.com, Fr © Rachata Sinthopachakul/shutterstock.com, Sa © C/L/photocase.com
**3. ADVENTSWOCHE** So © bit.it/photocase.com, Mo © ricok69/photocase.com, Di © olaser/iStock.com, Mi © Passakorn_14/iStock.com, Do © Daniel P/shutterstock.com, Fr © icealien/shutterstock.com, Sa © MPower/photocase.com
**4. ADVENTSWOCHE** So © Francesca Schellhaas/photocase.com, Mo ©Francesca Schellhaas/photocase.com, Di © Vladan Milisavljevic/iStock.com, Mi © denjoo/photocase.com, Do © nito/shutterstock.com, Fr © Stefan Weigand, Sa © marqs/photocase.com
**DAS WUNDER WEIHNACHTEN** © Janaka Dharmasena/shutterstock.com

**ERSTER WEIHNACHTSFEIERTAG** © Andreas Alexander/shutterstock.com, **ZWEITER WEIHNACHTSFEIERTAG** © Roxanne Catherine Maritz/shutterstock.com, **27. DEZEMBER** © baona/iStock.com, **28. DEZEMBER** © Jne Valokuvaus/shutterstock.com, **29. DEZEMBER** ArTDi101/shutterstock.com, **30. DEZEMBER** © Clarini/photocase.com, **31. DEZEMBER** © David-W/photocase.com
**GEBORGEN INS NEUE JAHR** © everst/shutterstock.com, **NEUJAHR** © marqs/photocase.com, **2. JANUAR** © BDKKECO072/shutterstock.com, **3. JANUAR** © iravgustin/shutterstock.com, **4. JANUAR** © suratoho/iStock.com, **5. JANUAR** © Peter Wollinga/shutterstock.com, **6. JANUAR** Kazakov/iStock.com, **7. JANUAR** © Sailorr/shutterstock.com, **1. SONNTAG NACH EPIPHANIAS** owik2/photocase.com

**BEATE VOGT**, im protestantischen Westfalen geboren und aufgewachsen, studierte Germanistik und Romanistik in Göttingen und Freiburg.
Sie lebt seit dem Studienabschluss (M.A.) als freiberuflich tätige Redakteurin, Lektorin und Herausgeberin in Freiburg.

Ein CAMINO-Buch aus dem
© Verlag Katholisches Bibelwerk GmbH, Stuttgart 2016
Alle Rechte vorbehalten
Designschutz beantragt

Gesamtgestaltung: wunderlichundweigand
Umschlagmotiv: © ArTDi101/shutterstock.com
Herstellung: Finidr s. r. o., Český Těšín
Printed in the Czech Republic

ISBN 978-3-460-50033-4